Markus B. Bolli
Baba Poem V

Wirklichkeiten von Kultur

(Visionen und Träume)

TWENTYSIX
Eine Marke der Books on Demand GmbH
© 2021, Markus B. Bolli
Herstellung und Verlag:
BoD – Books on Demand, Norderstedt
ISBN: 9783740711702

Markus B. Bolli

BABA POEM V

Wirklichkeiten von Kultur
(Visionen und Träume)

Das Werk Baba Poem V, geschrieben im Jahre 2017 in Lissabon (Portugal), Basel (CH) und Dittingen (BL) als 5. Buch der Anthologie Baba Poem von Markus B. Bolli (Bürgerlich Markus Bolli)

1. Kulturvisionen
2. Visionen wirklicher Kultur
3. Von Visionen und Kulturtraum

Kulturwirklichkeiten

4. Kulturwirklichkeiten
5. Wirklichkeiten von Kultur
6. Von Wirklichkeit und Kulturtraum
7. Wirklichkeiten und Kulturvisionen
8. Wirklichkeiten und Kulturträume
9. Wirklichkeiten von Kultur – Visionen aus Träumen

Kultur

10. Kultur
11. Kulturgeschehen
12. Die Kultur der Zeit

Kulturen

13. Kulturen
14. Artenvielfalt
15. Zusammenkunft des Friedens

Kulturgeist

16. Kulturgeist
17. Die Allgegenwärtigkeit der Kultur
18. Zeitgeist

Weltkultur

19. Weltkultur
20. Das Ende der Welt
21. Transglobal

Kulturen der Welt

22. Kulturen der Welt
23. Von der Erhaltung der Welt
24. Das Omen der Nachhaltigkeit
25. Kulturen im Wandel
26. Evolution der Völker
27. Wandel als Chance
28. Kulturen der Ewigkeit
29. Zur Ewigkeit geboren
30. Niemals vergessen

Kulturen über Kulturen

31. Kulturen über Kulturen
32. Schätze der Welt
33. Dialektik Kultur

Verwirklichung von Kultur

34. Verwirklichung von Kultur
35. Das Kulturschaffen
36. Schöpfung aus Muse

Wanderungen der Kultur

37. Wanderungen der Kultur
38. Ahnenwanderung
39. Zusammenkunft
40. Die Kultur des Friedens
41. Nichts als Frieden
42. Die Wahrhaftigkeit der Muse

Die Kultur der Musen

43. Die Kultur der Musen
44. Von Inspiration und Ausdruck
45. Die Wahrhaftigkeit der Muse

Die Kunst der Kultur

46. Die Kunst der Kultur
47. Die Struktur der Kultur
48. Von der Schöpfung zur Vielfalt

Die Kultur der Kunst

49. Die Kultur der Kunst
50. Epochen über Epochen
51. Von Kultivierung, Freiheit und Erhaltung

Tanz der Kulturen

52. Tanz der Kulturen
53. Zeremonie des Friedens
54. Zusammen eins

Die Skulptur der Kultur

55. Die Skulptur der Kultur
56. Aus blosser Hand
57. Silhouetten wie aus Stein

Farben der Kultur

58. Farben der Kultur
59. Färbungen
60. Frieden in jedem Ton

Die Kultur der Musik

61. Die Kultur der Musik
62. Musik als Muse des Friedens
63. Die Kunst der Freiheit

Die Musik der Kultur

64. Von Tradition, Frieden und dessen Erhaltung
65. Der Klang der Kulturen
66. Es schreit nach Harmonie

Bildnisse von Kultur

67. Bildnisse von Kultur
68. Zeichen der Freiheit
69. Kulturästhetik

Kulturgötter

70. Kulturgötter
71. Götter der Kultur
72. Götter von Kultur

Die Nährung der Kultur

73. Die Nährung der Kultur
74. Das Vermächtnis der Kultur
75. Kulturerzeugnis
76. Vom Sinn und Zweck der Kulturerhaltung
    Eine kurze lyrische Gegebenheit
77. Kulturleben
78. Lebensstilistik
79. Von Stil, Freiheit und unendlicher Zeit

Menschenkultur

80. Menschenkultur
81. Weisen der Menschlichkeit
82. Menschheit
83. Menschsein
84. Die Kultur der Menschlichkeit

Die Kultur des Friedens

85. Die Kultur des Friedens
86. Des Friedens Allgegenwärtigkeit
87. Kulturfrieden
88. Die Kultur der Freiheit
89. Kulturfreiheit
90. Freiheitshalber

Kultur der Liebe / Die Liebe der Kultur

91. Die Kultur der Liebe
92. Die Liebe der Kultur
93. Kultursinne
94. Kulturemotionen

Die Kultur der Riten (Das Ritual)

95. Die Kultur der Riten
96. Von der Kultur des Rituales
97. Ritualkunst

Kulturismus

98. Kulturismus
99. Der Kult der Zeit
100. Zeitkulte
101. Kulturzeit
102. Das Wesen der Kultur
103. Kulturformen
104. Die Essenz der Kultur
105. Von Kult und Edelkeit

1. Kulturvisionen

Kultur entsteht
Aus der schöpferischen Kraft unserer Visionen
Visionen für die Ewigkeit
Ewigkeit sei die Kultur dessen

Was die Farbe der Zeiten zeichnet und spielt
Ein Zeichen von all den Facetten die sie bezeichnen
Kulturvisionen als Abbild was da erscheinen mag
Epochen über Epochen und Zeiten über Zeiten
Visionen von Kultur
Als Quelle aller Schöpfung

Die Sicht und das Gehör auf das was kommen kann
So können die Kulturen leben und erblühen
In Blüte
Wenn dann auch nie welk sie sind
Seiend wandeln die Geister der Zeit
Durch die Wälder der inneren Uhr der Welt

2. Visionen wirklicher Kultur

Wie beschreibt sich dann die wirkliche Kultur
Was macht sie aus
Was lebt sie im Leben ihrer Wahrhaftigkeit

Die Kultur der Wirklichkeit
Die Wirklichkeiten der Kultur
Was macht sie aus
Was lebt sie im Leben ihrer Wahrhaftigkeit

Die Kultur der Wirklichkeit
Wirklichkeiten von Kultur
Und alles was in dessen Wirklichkeit erscheint

Was umfasst sie denn so schön und was macht sie aus
Zeitlebens sie schreibt die Geschichten der Epochen
Die Visionen wirklicher Kultur
Können mit Bestimmtheit wirken
Was für eine Kraft durchlebt sie auch
Was sei wirklich und was denn echt

Die Kultur der Wirklichkeit
Wirklichkeiten von Kultur
Und alles was in dessen Wirklichkeit erscheint

3. Von Visionen und Kulturtraum

Was macht die Welt auch zu der sie ist
Sein wird und der Hoffnung erhalten bleibt
Menschen, die Natur, die Künste und alles was geliebt wird

Grosse Träume
Visionen von Kultur
Unendliche Visionen
Träume von Kultur
Lebende Kultur
Visionäre Träume

Das macht unsere Erde zu dem, was unsere Ahnen sind
Unser Leben und die Traumvisionen aller
Aus dem Kulturtraum jeglicher Zeit

Kulturwirklichkeiten

4. Kulturwirklichkeiten

Die wirkliche Wahrheit der Kultur und dessen Erzeugnisse
Kulturwirklichkeiten
Wirklichkeiten
Die das Leben, die Liebe und die Hoffnung schreiben
Die Ebenen, in denen die Kultur, Kultur sein kann
Kulturwirklichkeiten
Allgegenwärtigkeit als Ausdruck des Lebens in allen Sinnen

5. Wirklichkeiten von Kultur

Welche Wahrheiten tragen sie auch inne
Die Wirklichkeiten der Kultur
Was sind die Wirklichkeiten von Kultur
Das Leben des Miteinanders auf unserem Planeten Erde
Die Darbietung und die Darstellung des kulturellen Erbes
Derer und die des Unseren
Wahrheiten in jeder Hinsicht und hörbar erlebt
Alle Wirklichkeiten die an Geschichte und Zukunft
Im Jetzt da sind und verbleiben
Und was wohl alles im Begriffe der Kultur innewohne
Wenn nicht alles was in den Welten existieren kann
Zu sein vermag
Wirklichkeiten von Kultur

6. Von Wirklichkeit und Kulturtraum

Wirklichkeiten seien
Von unterschiedlichen Realitäten geschaffen
Sowie der Kulturtraum das Leben in allen Farben gestaltet

Wirklichkeiten geschaffen aus allseiender Energie
Sowie Kulturträume aus den Herzen da entstanden
Und aller Lebewesen gedeihen vermögen

Wirklichkeiten sind Kulturträume und können sie auch sein
Sowie jeder Traum auch der Wahrheit der Erfüllung beliebt

Wirklichkeiten von Kulturträumen
Kulturträume von Wirklichkeiten

.

7. Wirklichkeiten und Kulturvisionen

Alles was da wahr sein kann
In den Kulturvisionen der Weltengeister
Im Geiste der Wirklichkeiten
Seintum der Kultur
Alles ist da
Ist und ist nicht
Entsteht und zerfällt
Im Dasein der Kultur
Im Leben der Wirklichkeiten
Alles ist, wenn Wirklichkeit und Kulturvision verschmelzen
Manifestation der Wirklichkeiten
Verwirklichung der Kultur

8. Wirklichkeiten und Kulturträume

Träume zum Wunsch der Wahrhaftigkeit
Zum Werden, Entstehn und Sein

Das Leben zeugt viel von Kultur
Wenn auch nicht alles ist da seiend

Der grosse Traum der Kulturen lebt
Der Kultur in allem Sein und in jeglicher Form

Von der Wahrhaftigkeit zur Verwirklichung
Vom Ursprung in alle Ewigkeit

In der Geburt der allscheinbaren Wirklichkeit
Schöpft das Herz der Welt die Träume der Kultur

9. Wirklichkeiten von Kultur – Visionen aus Träumen

Die grösste Wahrheit der Kultur
Sei da immerwährend ihre Entstehung
Die Schöpfung aus aller kreativen Muse und Kraft
In der Wesenskraft der Inspiration erschaffen
In Visionen, Träumen, Idealismus und Willenskraft
Sodann aus und von dem Geiste der Geschichte
Deren Entstehungstraume
Umgeben von Mythen und was ihre Ursprünge erzählen
Jeder Wirklichkeit ihren Traum
Jeder Kultur seine Wirklichkeit

Wirklichkeiten von Kultur
Visionen aus Träumen

Kultur

10. Kultur

Kultur sei der Begriff seit der Entstehung des Wortes
Sie sich erinnern vermag
Vielmehr die universale, musische Kraft
Zur Schöpfung alles Lebens und deren Formen
Ob Völker, Verhalten, Natur und die Künste
Kultur wiederfindet seinen Geist
In jeglicher Struktur da wieder
Zu sich und zu dir
Sie widerspiegelt die inspirative Schöpfung
In jeder Gestalt und Zeit
In Epoche, Körper, Geist und Seele

11. Kulturgeschehen

In welcher Struktur und Form es auferleben kann
Sie seien von Zeit als der Tag begann
Werke und Weisen für die Ewigkeit
Erhalten in aller Pracht der Zeitlichkeit
Geschehnisse aus des Künstlers Hand
Aus der Sprache, der Schrift und dessen Autorenband
Erhört, gesehen, gelesen und geliebt
In Stadt und draussen auf dem Lande begibt
Gelesen, gesehen und auch gedacht
Die Kultur ist zu lieben im Dasein jetzt gemacht
Als Ausdruck des Lebewesens Leben
Was geschieht und was erlebt und gegeben
Auf den Wegen der Weltenseele
Der Auftritt der göttlichen Muse da nicht fehle
Das Abbild der universellen Ordnung da ist
Darstellung als Eindruck des Lebens Geschehen du bist
Die Feste zelebrieren immer und in allen Zeiten
Bilder entstehen und lassen die Liebe leiten
Der Pianist spielt niemals den letzten Ton
Kultur sei der Begriff und des Künstlers Lohn
Seit der Entstehung des Wortes sich erinnern vermag
Die Kultur der Liebe erlag

12. Die Kulturen der Zeit

Die Kultur der Zeit
Die Kultur der Ewigkeit

Ewig seien die Zeiten
Zeiten sind da als Ewigkeiten

Zeit vergeht
Kultur bleibt und lebt

Menschen spüren die Zeit
Die Zeit belebt den Menschen

Kultur lebt die Zeit
Zeit lebt die Kultur

Die Zeit der Kultur
Die Zeit der Ewigkeit

Kultur erlebt Mensch
Mensch lebt Kultur

Menschen sind Kultur
Kultur inspiriert Menschen

Kulturen

13. Kulturen

Völker, Stämme, Umgangsformen
Staaten, Menschen, Lebensweisen
Wege gegangen und zu begehn
Kulturen in jeglicher Art und Weise
Leben, erleben, überleben und beleben
Kulturen in Farbe und jeder Pracht
Erhalten die Erde und gestalten dessen Form
So wie der Künstler sein Werk erschafft
So leben die Leben wo sie auch sind
Waren, sind und werden

14. Artenvielfalt

Die Welt, angereichert der Vielfalt aller Arten
Platz für jeden und alles was ist
Voller Farbe und jeglichem Sein
Fast wie im Paradies und auf seine Art vollkommen
Zu schätzen das was ist und wird
Das Fest der Vielfältigkeit huldigt das Dasein
Im Hier und Jetzt
Für alle Arten ein Zeichen gesetzt

15. Zusammenkunft des Friedens

Was unsere Ahnen schon getan
Das Zelebriert bis in alle Ewigkeit
Zusammensein aus Liebe zur Welt
Mit Hingabe und Muse
Für die Erhaltung und den Frieden auf Erden
Zusammenkunft des Friedens
Mutter Erde sei da
Zum Leben des allgegenwärtigen Friedens
Freiheit für die Liebe zum Menschen und allem was da lebt
Denn die Allgegenwärtigkeit dessen sei wahr
Von Mitgefühl und der Akzeptanz
Der Respekt und die Achtung
Zu alledem was auf unseren Planeten im Sein erscheint
Ist die Menschenliebe
Welche jedem Wesen auf Erden innewohnt sie vereint

16. Kulturgeist

Das was dem Geiste in jeglicher Kultur innewohnt
Die Ethik dessen, was die Welt zur Mutter Erde macht
Der Mensch mit Körper, Seele, Geist und Herz
Das was die Zeit zur Epoche entstehen lässt
Die Schöpfung dessen, was der Allgegenwärtigkeit inneruht
Der Geist, welcher die Kultur zu allem macht
Sodass die Menschlichkeit ist

17. Die Allgegenwärtigkeit der Kultur

Kultur ist das was den Menschen zur Ethik führt
Ethik zur Kultur der Welt
Kultur sei die Seligkeit im Glauben an die Welt
Ethik zum Sein, wo deine Seele auch lebt
Kultur für die Allgegenwärtigkeit von Kultur
Ethik sei Kultur

18. Zeitgeist

Das was lebt im Sein des zeitlichen Momentes
Gelebt wird im Leben das Hier und Jetzt
Das Monument des Lebens der Zeit
Gelebt für den Menschen und die Zeitgenossigkeit
Das Inspirativ zur Muse der Zeit
Gelebt für Gott und irgendwen
Das Leben für die Kulturen der Welt
Gelebt, geliebt und niemals vergessen und angesehn

Weltkultur

19. Weltkultur

Von der Kultur der Welt
Bis in die Musen der Kreativität
Von den Musen des Himmels
Bis in die Tiefen der Weltenseel
Von Menschlichkeit und deren Vernunft
Bis dorthin wo die Kulturen sind
Von den Künsten und deren Wirken
Bis die Geister des Seintums seien
Von Anfang an lässt die Welt gedeihen

20. Das Erbe der Welt

Die Urzeit waltet bis in alle Zeiten
Besteht in ewiger Zeit
Ist da in aller Unendlichkeit
Während und seit allen Urzeiten
Ist da seiend in den vollkommenen Gezeiten
Niemals zu vergessen in den Zeitlichen Epochen
So währt der Zeitgeist
So ist die Zeitlichkeit
So währt die Zeit
Vergessen ist keine Unvergesslichkeit
Denn das Erbe der Welt sei dem Sein von Gegenwärtigkeit
Das Erbe der Welt
Immer und der Ewigkeit

21. Transglobal

Von hier nach da und überall wo das Leben lebt
Kulturen über Kulturen
Menschen für Menschen
Von Begegnungen und Wegen die zusammenführen mögen
Pfade in die Weiten unseres Planeten Erde da sind
Kulturen von Menschen
Grenzen zu Überschreiten und neue Länder zu sehn
Von Freundschaft und Begegnungen
Die Offenheit der Welt

Kulturen der Welt

22. Kulturen der Welt

Die Welt so reich an Kulturen
Da sind die Kulturen der Welt
Ihre Vielfalt in allen Farben
Wie die Federpracht des Pfaues
Die Kulturen erschaffen die Lieder des Lebens
Erhalten, ergründen und erschaffen die Zeit

Ohne Kultur keine Welt
Ohne Welt nichts von Kultur

Seit Urzeiten die Entstehung da waltet
Wie die Zeiten vergehn und niemals bleiben da stehn
Die Ode des Daseins
Geschrieben auf dem Pergament der Götter
Gemalt mit dem Pinsel des Weltenkünstlers

Die Welt atmet stehts durch Kultur
Da sind die Elemente der Allgegenwärtigkeit

Vom Norden in den Süden der Mensch sei Mensch
Von Ritual und Zeremonie
Die Feste enden nie
In Gedenken an das was bis noch dorthin
Wo alles klar erscheint
Erinnern wir uns was wir sodann in Andacht hörn und sehn

Ohne Welt keine Kultur
Ohne Kultur nichts da ist

23. Von der Erhaltung der Welt

Sie sei da
Um sie zu hegen und zu pflegen
Ihr zu schauen und um ihr zu sorgen, dem eigenen Kinde
Denn wo wir leben, ist unser Haus und Garten
Unser Geist, der Körper und die seiende Liebe
Zur Welt, ihren Bewohnern und der Erhaltung dessen triebe

24. Das Omen der Nachhaltigkeit

Ein Omen für die liebe Mutter Erde
Achtsamkeit und Bedächtigkeit
Ein Omen für unsere liebe Mutter Natur
Behutsamkeit und Nachhaltigkeit

Kulturen im Wandel

25. Kulturen im Wandel

Kulturen im Wandel
Von Zeit zu Zeit
Epoche zu Epoche
Land zu Land
Kulturen im Wandel
Von Mensch zu Mensch
Kulturen zu Kulturen
Weise zu Weise
Kulturen im Wandel

26. Evolution der Völker

Entwicklung in jedem Sinne
Der Ursprung schöpft die kommenden Zeiten
Vom Präsens bis in das tiefe Morgen
Einst im Walde, bis das Feuer kam
Heut beseelt von den edlen Dingen
Entwicklung in diesem Sinne
Der Ursprung als die Quelle des Chronologes
Und bis durch die Weltgeschichte mit schwarz und weiss
Einst wie heute wandern wir in die Unendlichkeit
Heut wie damals
In Gedanken was die Ahnen unser auch getan

27. Wandel als Chance

Die Welt steht stehts im Wandel
Wie die Gezeiten uns es vor tun
Ein Wandel steht als Chance dar
Zur Erneuerung und Neukultivierung
Was dann wohl kommen mag
Erhaltung von Kultur
Kultur zur Erhaltung

Kulturen der Ewigkeit

28. Kulturen der Ewigkeit

Jede Kultur die lebend auf Erden war und ist
Sei der Ewigkeit des Geistes verschrieben
Unvergessen oder gar ins Nirgendwo vertrieben
Nur beinhaltet die liebe Ewigkeit alles was ist und war
Heisst, dass nicht allzu pragmatisch wirklich alles
Ob gut oder böse
Im alleinen Gefüge erscheint die Gnade und sich erlöse
Und das universale Verständnis derer in allem und nichts
Das Nichts in allem da zu sehen und hören vermag

29. Zur Ewigkeit geboren

Geboren, um in der Ewigkeit aufzublühen
Aufgehen wie die Sonne im lauen Sommermorgen
Zur Ewigkeit geboren
Hier um zu Wandeln in den Gefilden der Lebhaftigkeit
Wie die Elfen im immergrünen Walde
Geboren, um die Ewigkeit zu schätzen und zu erschaffen
Wie sie schon ist und was und wie man sie betritt
Dazwischen das Leben, um kreativ zu walten
Wie das Lebenswerk des Künstlers die Welten gestalten

30. Niemals vergessen

Was kann schon der Vergessenheit sein
Wenn es nicht vergessen sein will oder aber auch kann
Die Helden der Zeitalter
Protagonisten der Zeit
Die schönsten Momente im Glück
Kulturen in aller Höhe
Alles was auch da als geschichtsträchtig erscheint
Was selten schon der Vergessenheit im Sein

Kulturen über Kulturen

31. Kulturen über Kulturen

In jeglichem Orte und allen Kontinenten
Leben die Kulturen schon bevor wir zu denken vermochten

Überall von Wald und Steppen bis Wüste und Insel
Die Vielfältigkeit unserer Farben auf der Palette derer
Das Sei die Schöpfung

In jeglicher Kultur schwebt der Geist der Weltenliebe
Wohnt in den Menschen und allem was im Herzen da sei

Überall wo wir sind und existieren
Sind die Ethnien und dessen Werte über alle Landen verteilt
Kulturen über Kulturen
Lebewesen und Geister da sind

32. Schätze der Welt

Da zur Erhaltung der freien Kultur
Hier zur Erinnerung an Zeitalter von Hocherleben
Deren Kulturen, die freie Menschen waren und sind
Zu schätzen wie die eigene Familie geliebt und gelebt
Denn auf Erden seien sie und werden immer sein
Von unabdingbarem, kulturellen Werte da lebend
Vieles was wir nicht zu wissen vermögen, Himmelsstrebend
Sie nicht so kennen und sei so ungewiss
Seien uns dargebotene Antworten zu den Fragen der Welt
Auf die Fraglichkeiten verschiedener Dinge
Schätze sind zu schätzen da
Mit grösster Sorgfalt zu achten und wahr
Es bedeutet Respekt vor unseren kulturellen Erben
Von wo und wann sie immer auch kommen mögen
Niemals sterben

33. Dialektik Kultur

Es widerhallt von den Bergen der Heiligkeit
Was denn alles der Kultur so sei
Welche Bedeutungen in ihr innewohnt
Und sie zu dem macht was sie sei
Kultur, Kultur, Kultur
Wer bist auch du in allen Nuancen deines Ausdruckes nur
Inspirierst das Leben und alles das was in ihm stecken mag
Kultur, Kultur, Kultur
Kultur ist gesprochen in jeder Sprache nur
Allem was vernimmt
Als Schöpfung und Entwicklung
Welche die Welt zur völligen Entfaltung bringt

Verwirklichung von Kultur

34. Verwirklichung von Kultur

Auf welche Formen der Schöpfer die Kultur entstehen lässt
In jeder Inspiration sie wächst und sodann gedeiht

Wie der Dichter seinem Vers mit der goldenen Feder
Der Kultur zu Blatte bringt
Der liebe Musikus
Die Gesänge der Engel auf der Laute der Freiheit begleitet
Wo der Künstler seine Vollmondserenade zu Bilde fasst
Und der Tänzer sich mit dem Winde
Er sich in alle Leibhaftigkeit bewegt

In Welcher Form die Universelle Energie auch jegliche
Kultur zum Sein belebt
Die Inspiration kennt und kannte keinerlei Grenzen

35. Das Kulturschaffen

Alles was die Muse zu Tage bringt
Trägt zur Schöpfung kultureller Substanz da bei
Immerwährend erschaffen zur Essenz des Lebens
Der Ethnie unserer Kultur
Bilder von gewaltiger Grösse
Werke aus tiefster Ästhetik der Passion
Darstellungen in aller Formenpracht
Als die Ode an das was so heilig ist
Geschrieben und geschaffen mit Leidenschaft zur Kreativität
Für eine Welt die die Kultur da schafft
Erhört und ersehen sei die Ästhetik der Zeugnisse
Von erarbeiteter Kultur

36. Schöpfung der Muse

Ein unabdingbares Verhältnis
Zwischen dem Künstler und dessen Emotionen
Vielleicht ein Bedürfnis und unabdingbares Grundgefühl
Der Schöpfung als Muse
Ohne Muse erlebt die Kultur von Nichten die Essenz
In Welcher sie zuhause sei
Verwirklichung und Schöpfung
Sowie die Verwirklichung der Schöpfung
Tragen eben so viel bei
Wie Kreativität, Inspiration und Schaffenskraft
Nennt sich die immerseiende Liebe zur Kultur

37. Wanderungen der Kultur

Die vielfältigen Wege der Kultur sind der Offenheit
Und nicht von Grenzen
Zu bewundern und zu bewandern bei Sonne
Und auch zur Zeit des Mondes
Auf den Pfaden durch die üppigen Wiesen der Kultur
Entdeckt die Sinneswahrnehmung
Neue Ebenen der Wahrhaftigkeit
Diese schmelzen unsere Kulturen zusammen
Und bringen die Bienen somit immer
Zur Blüte des Nektars frönend

38. Ahnenwanderung

Die Wege unserer Urahnen wie sie lebten und träumten
Seien begangen zu allen Sinnen zu jedem Zweck
Ritus und Fest auf den sakralen plätzen der Erde
Wo sich die Völkerstämme auch da trafen
Zum Austausch der Kulturen oder neuem bleiben
Von einem Platze der Erde bis zum Ende der Welt
Denke darüber hinaus und zurück zur Wurzel der Urkultur

39. Zusammenkunft

Wie sich unsere Urväter und Urmütter
Im scheine des Mondenlichtes trafen
Was sie wohlbesprachen und der alten Weisheit zu Gute tan
Wer ist wohl noch des alten Wissens kundig
Von dort wo die Zusammenkünfte ihre Wege fanden
Die Völker sich näher kamen
Im allseienden Frieden
Und im Einklang zur guten alten Mutter Natur
Zusammenkunft
Die Vernunft für die Zukunft der Ahnen der alten Zeit
Traumpfade in das Pantheon der allgegenwärtigen Ewigkeit

40. Die Kultur des Friedens

Menschen können den Frieden leben und sein
Das Glück sie dann erfahren
Vertrauen kommt immer mehr

Und die Kultur des Friedens erlöst die Seelen auf Erden
Menschen haben die mögliche Chance
Zum friedliebenden Geiste
Die Vernunft sie so dann erkennen
Hoffnung sei das Manifest

Und die Kultur des Friedens erfährt seine Wahrhaftigkeit
Im Seintum des allseienden Lebens und Friedens
Zur Urkultur der Friedlebigkeit

41. Nichts als Frieden

Nichts als Frieden braucht unsere liebe Mutter Erde
Nichts als Liebe so der Mensch
Nichts als Vernunft ist der Welt auch würdig
Nichts als Hoffnung sei von Essenz
Nichts als Vernunft bringt uns zum Frieden
Nichts als Liebe entfacht die Hoffnung
Nichts als Frieden erzeugt da Liebe

42. Die Möglichkeit der Allgegenwärtigkeit

Die Möglichkeiten von des Friedens Allgegenwärtigkeiten
Seien eigentlich ganz simpel und der Einfachheit ergeben
Denn der Frieden sei und ist jedem Menschen im Herzen
So da innewohnt
In welcher Art und welchem Sinne
Der Frieden kennt nur ewiges Sein
Die Hoffnung an die Allgegenwärtigkeit
Kein Mensch auf Erden besitzt kein Anteil dessen in sich
Denn die Quellen von Friedfertigkeit und den Frieden seiner
Selbst ist die Möglichkeit des Menschen ihn zu leben
Mit Liebe und Hoffnung zur Wahrheit des Friedens
Und ihn zur Wirklichkeit werden zu lassen

Die Kultur der Musen

43. Die Kultur der Musen

Erscheinungsformen der Muse
Musen in jeder Gestalt dem Bilde des Malers
Es lebt gerne der süsse Geruch der Muse inne
Inspiration für den Herrn der Farben und Formen

Ausdrucksform der Muse
Muse als Inspiration des kulturschaffenden Wesens
In den Klängen des Musikers widerhallt sie so stehts
Die unglaubliche Emotion der Kreativität
Eine Sensation für den Erschaffer der Klänge

Vielfalt der Musen
Musen für jede Passion
Kunst und Kultur seien die Liebeswiesen
Die Lebensweisen der Musen und deren Wirken
Wirkungsfelder in jeglicher Hinsicht der Kreation
So im Sein der Kulturen der Musen

Individuelles Sein der Muse
Als unabdingbares Medium zur Kreativität

44. Von Inspiration und Ausdruck

Des Künstlers Geist und die Blüten der Weltenblume
Er nimm die Inspiration in sich auf
Riecht ihren wohlriechenden Geruch und ist volle Muse
Zur Umsetzung des Opus seiner
Die Gegebenheiten so sophisch und voller Philosophie
Sein Werk ach so gerne und voller Liebe zum Ausdruck
Sei es die Darstellung oder die jeweilige Arbeit vergeistert
Inspiration führt den Weg zur Expression
Ausdruck schreit förmlich nach Inspiration
Das lebende Gefüge beinhaltet eine Unzahl von Strukturen
Weisen der inspirativen Kraft
Denn der Ausdruck betet sich zu jedweder Applikation
Sowie auch des künstlerischen Seins und Schaffens
Nach dem Segen der Inspiration

45. Die Wahrhaftigkeit der Muse

Wirkt auf die Künste und den Künstler als so gleich
Die Emotionen der Muse
Die Kreativität des schaffenden Schöpfers
Sie wiegt ihn als der Engel der inneren Passion
Die Wahrhaftigkeit der Muse
Sie bringt den Menschen die Gefühle
Welche unsere Natur nur auch so liebt
Dorthin, weil die Seele der Welt so schwingen kann
Näher ist dem ganzen Gefüge
Darum ist die Muse gleichermassen vom Göttlichen
Und dann noch was auf der Erde da sei

Die Kunst der Kultur

46. Die Kunst der Kultur

Die Schöpfung hat die Kultur erschaffen
Mit Muse, Inspiration und grösster Sorgfalt zu gleich
Die Schöpfung als die Urquelle jeder Kreativität
Mit Hingabe, Liebe und voller Hoffnung

Kunst der Kultur
Die Kreation des allseienden Opus
Die Kunst der Kultur

Die Schöpfung der Kulturen
Als Zeichen aller Ethik in Ewigkeit
Mit Muse und dem Glauben an den Frieden
Die Schöpfung, die Gegenwärtigkeit von Kultur
Mit Muse in jeglicher Schaffung vom Erbe der Welten

Die Kunst der Kultur
Die Kreation des allseienden Werkes
Die Kunst der Kultur

47. Die Struktur der Kultur

Die Strukturen der Kulturen
Sie weisen die Wege durch den Urwald der Welt
Lassen sie entstehen
Brachten den Pfad zu den Sternen auf Erden zu Erden
Der Tanz im Rhythmus des Herzens als Beweis der Liebe
Allem was da im Seintum sei
Sie seien so gesetzt wie die Bäume zu Walde
Die Monde im Universum
Von den Formen der Milchstrasse
Bis in die kleinsten Teilchen der Welt
Vom kleinsten Wesen, bis in alle Gestirne der Kultur
Lebt sie und der Geist so des Gleichen

48. Von der Schöpfung zur Vielfalt

Die Schöpfung bringt Kultur zu ihrer Vielfalt dahin
Die Urkultur aller Schaffung sei die Kreation der Welt
Kunst und Kultur in göttlichem Namen
In Gedenken an die Schöpfer aller Tradition
Durch Hingabe, Passion und Leidenschaft
Es sei die Welt geschmiedet
Im Eisen der innigen Liebe, Kraft und der Hoffnung
Nichts kann vergessen sein
Vergangen in der Ewigkeit
Die Ordnung dessen
Sich der Entstehung der Kulturen nennt
Sei die Schöpfung der Vielfalt

Die Kultur der Kunst

49. Die Kultur der Kunst

Wie die Kunst wohl dasein mag
Die Künste erschaffen
Der Kultur für des Menschen Freiheit und Individualität
Dafür sei die Kunst erschaffen
Soweit die Lande da reichen
Kultur über Kultur und Künste über Künste
Kultivierung dessen und das was die Schöpfung hervorbringt
Klingendes, Bildhaftes und Figürliches
Und immer wieder die Bewegung
Wo das Leben lebt sein Leben
Sei die Kultur der Kunst liebend gegeben
Vom Ideal zur ach so freien Form
Arten der Vielfalt
Von unseren Vorfahren und ein jeder Kultur
Masken, Skulpturen, Instrumente und Bildnisse alter Zeit
Vom Ursprung bis in die Postmoderne
Niemals versiegt die Quelle der kreativen Energie

50. Epochen über Epochen

So spricht die Zeit über die Zeit
So berichtet die Epoche über die Epoche
So bringt das Zeitalter das Nächste
Epochen über Epochen
So erzählen die Geschichten über die Geschichten
So erinnern sich die Ahnen mit dem was ist wird und war
Epochen über Epochen

51. Von Kultivierung, Freiheit und Erhaltung

Die Kultivierung von dem wovon die Welt sich nährt
Davon existiert und lebt
Sei immerwährende Kultur
Dessen Freiheit und die Wege dazu
Führen uns in Urweiten des Glaubens
An die Liebe zum Seienden
Der Erhaltung des Schatzes der Weltenkultur unser
Die Anreicherung von Ethnien
Deren Kultivierung und Erhaltung
Des schon von Welten lebenden Gutes Kultur
Zur Möglichkeit für die freiliebenden Menschen
Jedem Geschöpf sein Dasein und dessen Freiheit

52. Tanz der Kulturen

Der Tanz zum Rhythmus der Sterne
Wie viele Monde leiten die Kultur
Im Lichte der strahlenden Sonne
Die Kulturen tanzen zur Musik des Weltengeistes
Der Tanz der Kulturen
Ritus und Segen zugleich es ist
Ein Fest der Zusammenkünfte und Frieden gebracht
Vom Jüngling zum Greise, ein Jeder tanzt in seiner Art
So bleibt die Kultur der Tanz der Völker und Kulturen
Sein, werden und alles was es geben mag

53. Zeremonie des Friedens

Wo Völker sich treffen
Die Essenz des Friedens zelebriert
Da entsteht neues
Was der Welt das Wasser des Überlebens sei
Wo Stämme überleben bis ins Morgen des Abendrotes
Sei die Hoffnung da die seiende Allgegenwärtigkeit
Dass Kulturen leben im Miteinander der Friedfertigkeit
Und es sei die Zeremonie des alllebenden Friedens

54. Zusammen eins

Leben und Einssein
Einssein zum Leben
Leben ist Einssein
Einssein sei Leben
Leben für Leben
Einssein um eins zu sein

Die Skulptur der Kultur

55. Die Skulptur der Kultur

Bildnisse der Zeit
Skulpturen der Ewigkeit
Skulpturen der Zeit
Bildnisse der Ewigkeit

Skulpturen der Kulturen
Epochen der Geschichte
Kulturen der Skulpturen
Geschichten der Epochen

56. Aus blosser Hand

Geschaffen aus aller Kraft des Menschen
Erschaffung aus Energie der Passion seiner selbst
Geschwitzt das Blut welches in der Ahnen Wehnen floss
Erschaffen für die Zeit der Ewigkeit
Aus blosser Hand des Künstlers Werk

57. Silhouetten wie aus Stein

Wie in Stein gemeisselt und der Zeitlosigkeit so erlegen
Mächtig die Bauten sie stehen im Wind
Monumental und von aller Pracht
Silhouetten wie aus Stein für unsere Nachfahren erdacht
Wie in Stein gemeisselt
Voller Wahrhaftigkeit und dessen Ehre
Mächtig die Werke für alle Zeiten
Epochal und der Schönheit so wahr

Farben der Kultur

58. Farben der Kultur

So der Farbe Vielfalt wie die Wälder zu Herbste farbig sind
Die Seelen der Weltenkinder und der Geist der Kulturen

So der Farben Allgegenwärtigkeit wie die Wahrheit derer
Den Seelen aller Lebewesen in der Mutter Natur

So der Farben Schönheit wie die Ästhetik der Kultur
Den Seelen die da weiter leben in der Ewigkeit aller Zeiten

59. Färbungen

Die Nuancen von Kultur
Die Etüden der Völker
Färbungen aller Art
Die Nuancen der Traditionen
Die Etüden aller Ethnien
Die Werke unserer Vorfahren
Der Opus aller Zeiten
Die Werke unser
Der Opus in Ewigkeit
Färbungen aller Art

60. Frieden in jedem Ton

Die Skalen der Friedfertigkeit
Die Tonleitern des Friedens
Die Tonabfolgerungen dessen Allgegenwärtigkeit
Frieden in jedem Ton
Die Skalen des Weltenfriedens
Die Tonleitern der Hoffnung
Die Tonabfolgerungen dessen Wahrhaftigkeit
Frieden in jedem Ton

Die Kultur der Musik

61. Die Kultur der Musik

Die Trommeln und Flöten
Die Gesänge unserer Vorahnen
Sie Wiederhallen an den Felsen der Tradition
Bis heute und morgen, so seien die Klänge unvergessen
Erklingen im Ohre aller Zeiten
Allem was schwingt und klingt
Sind Kultur
Seien die Kultur der Musik auf Erden
Heilige Vielfältigkeit als Abbild
Hier als Weiterführung und Erneuerung der Kulturen
Ebenso die Erhaltung vom Werke dieser
Sei da sei während
Alle Lebhaftigkeit der Passion im Klange gesungen
Es sei da Kultur
Die Kultur der Musik

62. Musik als Muse des Friedens

Die Muse des Friedens sei da die Kunst der Zeit
Und sei die Inspiration aller Ewigkeit
Die Geister der Zeit
Seien die Muse des Friedens
Die Musik da spielt von Epoche zu Epoche
Sei der Bote aller Friedfertigkeit
Das was der Friede einher bringt
Sei alle Kultur der Musik
Dessen was die Kultur des Friedens lebhaftig macht
Zelebriert so die Wahrhaftigkeit
Alledem was schwingen mag

63. Die Kunst der Freiheit

Was das Leben zum Individuum macht
Den Menschen und seine Existenz
Was den Künsten die Freiheit schenkt
Und was die Freiheit zur Kunst da lenkt
Was das Leben zum Opus gestaltet
Den Menschen und ihre Kreativität
Was den Künsten die Vielfältigkeit gibt
Und wie die Freiheit die Welt ins Sein da lässt

Die Musik der Kultur

64. Von Tradition, Frieden und dessen Erhaltung

In der Tradition der Welten sei der Frieden
Er sei schon immer ewig erhalten
Völker, Künste und deren Lebensweisen
Die Philosophie, der Geist und die liebe Liebe
Musik als die Wahrnehmung des Göttlichen
Ein Seintum voller Muse
Die Seinhaftigkeit der Kultur

65. Der Klang der Kulturen

Von den Geistern unserer Ahnen
Es erklingt die Melodie der kommenden Zeiten
Spielt die Laute der Unvergänglichkeiten
Singt die Stimme der Hoffnung
Von den Seelen der Vorväter
Erlauschen wir die Wahrhaftigkeit und den Segen
Schwingt die Liebe alles Hierseins
Musizieren die Engel behütet der Klang der Schöpfung
Vom Körper in der Bewegung der Klang der Kulturen

66. Es schreit nach Harmonie

Harmoniebedürftigkeit, ein Bedürfnis der Welt im Heute
Harmonieleben, aber auch eine Realität die da sein kann
Harmonie, ein Geschenk des Göttlichen
Harmoniestreben in voller Akzeptanz
Harmonieerleben aus inniger Muse
Harmonie als Omen zum Frieden

Bildnisse von Kultur

67. Bildnisse von Kultur

Bildnisse von dem was eine Epoche war
Zeichen dessen was die Zeit auch bringt
Artefakte von ewiger Kultur
Monumente des Vergangenen und so auch kommen mag

Bildnisse was Zeiten da ergeben
Zeichen aller Weltenkultur
Artefakte des Vergessens Nichtigkeit
Monumente des Segens

Bildnisse von Kultur

68. Zeichen der Freiheit

Zeichen der Freiheit
Seit jeher die Muse der Menschheit
Ein Wunsch, die Inspiration und auch ein Bedürfnis
Seit aller Zeit der Allgegenwärtigkeit der Möglichkeit
Gewünscht, inspiriert und dem Bedürfnis immer würdig
Seit aller Ewigkeit die Hoffnung der Schöpfung
Erwünschen der Inspiration und bedürfnisvoll der Wahrheit
Zeichen der Freiheit

69. Kulturästhetik

Die Schönheit lebt in jedem Wesen auf Erden inne
Die Wahrhaftigkeit in allem Segen der Welt
Der Segen der Mutter Natur
Die Ästhetik sei ein liebendes Gut
Die Authentizität und dessen Wahrhaftigkeit
Kulturästhetik

Kulturgötter

70. Kulturgötter

Das Pantheon der Allseienden Kultur
Des Göttlichen erschaffen
Der Kultur alles Seintums
Die Innigkeit des kulturellen Erbes der Erde

71. Gottheiten der Kultur

Kulturgottheiten
Das Wesen der Kulturen
Das Wahrhaftige derer Leibhaftigkeit
Gottheiten der Kultur
Kulturgottheiten
Die Essenz der Kulturen
Die seiende Kraft der Schöpfung
Kulturgottheiten

72. Gottheiten von Kultur

Wo sie auch walten
Sind da, wo die kreative Energie seine Wurzeln schlägt
Die Inspiration wie der Regen der Existenz
Des Seienden er auf sie prasst
Ihr Leben verleiht
Sie mit der Nahrung der Muse versorgt
Sie entstehen lässt wie die Blüte der Hoffnung
Die schönste Blume auf Erden
Niemals verwelkt wie die universale Liebe
Sie da, sei wie der Weltenbaum in allem Sein

73. Die Nährung der Kultur

Beschaffen, kreiert und geschöpft
Aus Körper, Geist und Seele

Für alles was im Sein besteht
Für alles was im Sein da lebt

Gedanken aus innig kreativem Erzeugnis
Aus der ewigen Quelle der Muse

Für alles was im Sein geboren
Für alles was im Sein und niemals verloren

Jegliches was sich bewegt, schwingt und entsteht
Im Sinne der Urkraft des Universums

Für alles was wir leben
Für alles was wir streben

Ästhetik, Struktur und alle dessen Formen
Natur, Mensch und die erdenklichen Künste

Für alles was wir sind
Die Nährung der Kultur

74. Das Vermächtnis der Kultur

Überall findet die Wesenheit vor
In Seen, Flüssen und den alten Meeren der Zeit
Jeder trägt einen Teil zu bei
Im Geiste, von Hand oder mit jedweder Geste
An vielen Orten kann ich die Zeitalter entdecken
Riechen, spüren, sehen und einfach nur hören
Schätze der Vergangenheit
Diamanten der Epochen
Die Religionen alter Zeit
Als Vermächtnis der Kultur

75. Kulturerzeugnis

Der Inspiration entsprungen und zur Vielfalt jeder Kultur
Aus Muse geschöpft
Für die immerwährende Kultivierung der Weltheit
Zum Ausdruck gebracht zur Huldigung der Leben unser

Kultur für Kultur
Leben für Leben

Der Kreativität im ureigensten Sinne zur Erhaltung des Seins
Der Schöpfung mit allem Glauben
Für die Kulturen der Kulturen

Kultur für Kultur
Leben für Leben
Welt für Welt
Geben für geben

76. Vom Sinn und Zweck der Kulturerhaltung

Eine kurze lyrische Gegebenheit

Altes erscheint da von kultureller Güte
Das zur Erhaltung allem Gute der vergangenen Zeiten
Die Kultur im Lichte der Wertschätzung erleuchten lässt
Weltengeist
Das Eigentum des Weltengeistes
Der Muse von Mutter Erde
Den Bewohnern in jedweder Gestalt
Die Zweckmässigkeit ist das Seiende erleben
Vor einem Monument der Zeiten zu stehen
Im Traume sei das zu erachten
Die Inspiration der kommenden Zeiten innewohne
Gewährt während den Jahrtausenden
Geliebt, geschätzt und genutzt
Niemals Vergessen
Verloren oder verschriehen
Nur als das der Welt geliebt
Von was sie auch erschaffen sind
Der Kultur zuliebe geachtet wird
Immer im Sein und bleiben sollte

77. Kulturleben

Kulturen leben
Leben, leben die Kultur
Kulturleben

Menschsein im Gefüge der Farbhaftigkeit
Leben im Stilistikum
Menschen im Geiste der Zeit
Leben das Leben des Jetzt

Kulturen leben
Leben, leben die Kultur
Kulturleben

Leute gehen viele Wege
Sein im Heute in Gedenken an Gestern und Morgen
Leute versinken in den Schriften aller Epochen
Sein im Hören, Sehen und Vergehen

Kulturen leben
Leben, leben die Kultur
Kulturleben

Wesen wandeln durch die Landschaften der Kultur
Gehen von Farbe, Stein zu Ton und Bild
Wesen stehen in jedem kulturellen Erzeugnis inne
Gehen erst dann, wenn auch der Hauch des Lebens geht

Kulturen leben
Leben, leben die Kultur
Kulturleben

78. Lebensstilistik

Wie wir so da die Strasse des Lebens hinunter schlendern
Vorbei an der Bühne der Künste
So seien wir doch da, um die Kultur im Leben dar zu sein
Schlendern weiter auf die Höhen der Berge
Tauchen in die Tiefe der ewigen Gewässer
Nicht nur mit Hand, Kleid, Hut und wie die Uhr am Arme
Geist und Seele belebt doch des Lebens Stilistik
Ach Gott, erbarme

79. Von Stil, Freiheit und unendlicher Zeit

Kultur bedeutet Freiheit
Stil, die Zeitlosigkeit
Leben, die unendliche Zeit

All das was unsere Zeiten bewegt
Das Leben im Stile da hegt
Uns unsere Freiheit belegt

80. Menschenkultur

Seit Menschenleben bedeutet es Kultur
Die Schöpfung der Kreation
Seit Weltenbestehen die Urgeister da waltend sind
Bis allen menschlich Wesen
Das Hören und Denken bewegt
Und Mensch da bist an jeglichen Orten
Sich von hier nach da bewegt
Bis solange die Sterne funkeln
Die Kinderaugen strahlen
Der Mond scheint wie auch die Sonne
Seit der Entstehung von jeglich erdenkbaren Dingen
Seit der Wiege der Völker und Zeitepochen
Bis so dann die Meere der Welt und in all ihre Höhen
Die Lüfte als Grenzen nicht mehr beschrieben
Für uns, von uns und auf jede unserer Art

81. Weisen der Menschlichkeit

Das Wasser als Geste für die Welt
Lachende Gesichter als Dankeschön
Zu geben heisst das Omen der Nächstenliebe
Achtung vor des Menschen Existenz und Leben
Von der Angehörigkeit
Ob irgendeine Farbe der Haut
Die Geste der Menschlichkeit sei die innere Motivation
Der Liebe und der Akzeptanz

82. Menschheit

Die Ära des Menschen sei so vielfältig wie sonst so nichts
Einzigartig
Wie Tier, Natur und unser unendliches Universum
Unter dem Dache des Himmelszeltes
Sind wir seit Gedenken der Zeiten zuhause
Dankend, Liebend und voller Respekt
Jede Epoche trägt die Leidenschaft und das Glück in sich
Die Tränen der Unvernunft und das Lachen der Vernunft
Wie weit es wohl gehen mag
Bis sich die Unendlichkeit in sich ergibt
Ob das ewige Sein das Erbarmen mit uns haben kann
Oder die Wellen der Wahrheit uns überfluten
Ach Menschheit
Wer weiss das schon

83. Menschsein

Mensch sein
Das Sein im Menschen

Die Liebe in sich trägt
Das Vertrauen das ihm gegeben
Das Licht in dem sie erscheinen
Der Respekt zur Mutter Erde
Die Akzeptanz zu den mitlebenden Seelen

Das Sein im Menschen

Die Nächstenliebe da waltet
Die Achtung wie die Achtsamkeit
Der Schatten der immer überlebt
Die Zuneigung welche so der Güte sei
Die Würde in welcher sie sich bewegen

Das Sein im Menschen
Menschsein

84. Die Kultur der Menschlichkeit

Was wohl somit die grösste Würde jeglicher Kultur
Menschlichkeit sei unabdingbar
Was das grösste Vertrauen in die Welt da setzt
Von Menschen für Menschen
Was die Natur uns Liebevoll in die Wiege gelegt
Natürlich die Natur
Was die Selbstachtung den Menschen eigen sei
Menschlichkeit sei der schönste Traum
Was Rituale und Bräuche uns zugutetun
Von Menschen
Für alles und alle
Was dich zu dir und uns zu uns
Die Natur der Menschlichkeit

Die Kultur des Friedens

85. Die Kultur des Friedens

Frieden ist da, um ihn zu leben
Frieden ist die Kultur der Unabdingbarkeit
Frieden lebt und hegt sich als menschliches Wesen
Die Kultur des Friedens
Frieden ist eine Welt, die im Universum und überall da ist
Frieden wohnt in jedem Wesen inne
Frieden ist seiend und die Wichtigkeit auf Erden
Die Kultur des Friedens

86. Des Friedens Allgegenwärtigkeit

Allgegenwärtigkeit des Friedens
Von was wir Miteinander existieren
Sei der Frieden
Von der Nächstenliebe und der Achtung
Es lebt der Frieden
Von der Friedfertigkeit und der Akzeptanz
Es entsteht der Frieden

Frieden sei Frieden

Von der Wärme zu deinem Gegenüber
Ist das Vertrauen geschaffener Frieden
Vom Respekt, der Akzeptanz und der Zuneigung
Wird der Frieden
Von der Möglichkeit, die immer da wahr sein kann
Ist der Frieden
Allgegenwärtigkeit des Friedens

87. Kulturfrieden

Völker für Völker
Von einem Stamm zum Anderen
Menschen für Menschen
Von einer Farbe zur Anderen
Ethnie für Ethnie
Von einer Herkunft zur Anderen
Götter für Götter
Vom Einen, mehreren zu Anderen
Alles für die Kinder
Von dem Einen zu dem Anderen
Mensch für Natur
Von einer Art zur Anderen
Kulturfrieden
Schön, dass du lebst

88. Die Kultur der Freiheit

Jedem menschlichen Wesen
Es lebt dieser unaufhaltbare Wert inne

Frei zu sein
Frei zu werden

Jeder Mensch scheint das Bedürfnis dazu in sich zu tragen
Jedes menschliche Wesen das Anrecht darauf zu sein

Frei zu sein
Frei zu werden

Jeder Mensch sei inspiriert und voller Muse
Liegt in der Hand der unabdingbaren Möglichkeit

Frei zu sein
Frei zu werden

89. Kulturfreiheit

Das was ich die Liebe nenne
Liebe zu dem was wir schätzen auf Erden
Zu sein was wir sind, waren und werden
Zu haben in Liebe und Einung
Menschen
Menschenkultur
Kulturfreiheit
Das was unsere Reisen prägt
Den Menschen ihre Freiheit ergibt
Achtung zur Kultur und dem was sie frei macht und verliebt
Zu sein in Freiheit und Hoffnung
Kultur
Kulturvolk
Kulturfreiheit

90. Freiheitshalber

Lass ich das zu, was sich Liebe nennt
Das was wir Nächstenliebe nennen können
Lass ich das zu, was sich Frieden nennt
Das was wir Friedfertigkeit nennen können
Lass ich das zu, was sich Achtung nennt
Das was wir Achtsamkeit nennen können
Lass ich das zu, was sich Hoffnung nennt
Das was wir hoffnungsvoll nennen können
Lass ich das zu was wir Freiheit nennen
Das was wir Freiheitshalber erkennen

Die Kultur der Liebe – Die Liebe der Kultur

91. Die Kultur der Liebe

Ohne die Kultur so die Liebe da nicht ist
Es wäre die Welt wohl nie entstanden
Dass man sie auch niemals vergisst
Mit der Liebhaftigkeit der Schöpfungskraft wir sie erfanden
Ohne die Kunst der Liebe welche dich zutiefst auffrisst
Es wäre die Welt wohl im Vergängnis und unverstanden
Mit der Liebeswürdigkeit der Muse du bist
Es wäre die Welt so nicht das was sie sein will und wird
Ohne dass der Mensch so liebevoll auch sein kann
Er nicht mehr ist und stirbt
Es wäre keine Nächstenliebe und Zuneigung in ihrem Bann
Mit der Lieblichkeit der Dinge und ihrer Beschaffenheit
Es bewegt und vergegenwärtigt sich im Monde der Zeiten
Die Kultur der Liebe und ihre Ehrlichkeit
Wir zusammen die Wege bestreiten

92. Die Liebe der Kultur

Die Musik drück die Liebe für dein Gehör so hegend aus
Bilder schenken den Eindruck des Auges Liebe daraus
Die Skulptur sei des Beobachters Liebe im Raume
Der Mensch sich aus der Leidenschaft so schön im Traume
Es sich immer und immer wieder erschafft aus jeder Sicht
Völker ohne die Liebe existieren nicht
Generationen benötigen die Liebe zur Blüte der Kultur
Leben heisst Lieben
Die Liebe der Kultur die gibt es nur

93. Kultursinne

Sinne der Liebe sind Sinne Der Kultur
Sinne der Kultur sind Sinne der Liebe

Betört mit Eleganz der Musen
Beseelt mit der Wonne der Inspiration

Sinne der Kulturen
Sinne der Liebe

Geschaffen der Welt zu liebe
Geschöpft des Sinnes Wahrheit

Sinne aller Liebe seien Sinne von Kultur
Sinne aller Kultur seien da die Liebe

Erspürt mit aller Kraft der Gefühle
Gespürt mit den Sensationen der Kultur

Sinne von Kultur seien Sinne von der Liebe
Sinne von der Liebe seien Sinne von Kultur

94. Kulturemotionen

Das Erlebnis von Kultur und was ich da auch erspüre
Die Gefühle von Kreativität so ich die Liebe führe
Die Bewegung von Zusammengehörigkeit aller Achtsamkeit
Kulturemotionen seien niemals Vergangenheit
Die Emotionen von Kultur in jeder Heiligkeit
Die Sensation von Muse und wie sie wirken mag
Die Vibration von Erfüllung hell wie der Mondentag

Die Kultur der Riten (Das Ritual)

95. Die Kultur der Riten

Für das was die Zeremonie des Menschen Gesellschaft tut
Das Sakral der Menschenkultur und Gottheiten
Für das was die Heiligkeit der Menschen Anmut
Das Reliquium der seligen Zeiten
Für das da was die Ethnie jedem Volke tut
Das Heiligtum der Momente im Leben
Für das was die Menschen Lebhaftigkeit Anmut
Das Ritual des Weltenlebens im ritualen geben

96. Von der Kultur des Rituales

In Liebe zum Menschen Ritual
Zur Zuneigung des Menschen Willen
In Hoffnung zur Menschen Seel
Zur Hingabe des Menschen Wesen
In Freiheit des Menschen Seintum
Zur Allgegenwärtigkeit des Menschen Geistes
Im Einklang des Menschen Freiheit
Zur Schaffung des Menschen Kreativität
In der Inspiration des Menschen Muse
Zur Vielfältigkeit des Menschen Einfachheit
In Leidenschaft der Menschen Passion
Zum Ausdruck des Menschen Schaffens
In Kultur des Menschen Schöpfung
Zum Ritual des Menschen Ursprungs

97. Ritualkunst

Das was der Geste das verleiht was sie ist
Etwas solches wie Liebe und Leidenschaft verleiht
Und du bist
Das was der Zeremonie ihre Heiligkeit vergibt
Etwas solches des Vergebens der Liebe innewohnt und liebt
Das was des Lebens Philosophie ihre Geschichte schreibt
Etwas solches den Frieden auf Erden ergibt und bleibt

Kulturismus

98. Kulturismus

Kultur in diesem Sinne was sie auch ist und sei
Die Zelebrierung dessen was sie wirklich seiend macht
Ritus in seiner Ureigensten Form und Weise
Die Schöpfung in ihrem vollkommenen und reinen Zustande
Kulturritus sei die Passion der Urgegebenheit

99. Der Kult der Zeit

Was auch immer für ästhetisch scheinen mag
Alles sei der Allgegenwärtigkeit
Was authentisch und echt
Der Kult der Zeit sei die Wahrhaftigkeit
Was auch immer der Kultur sei allseiend
Alles sei der Kult der Unendlichkeit
Was inspirativ und der Muse
Der Kult der Zeit sei der Wahrheit

100. Zeitkulte

Was zu lieben ist
Es sei dem Kulte ach so nah
Was der Liebe ist
Es sei des Kultes Nährung, was ich sah
Was der Liebe ist
Es ist seine Fülle in der Andacht der Zeit
Was Liebe ist
Es sei dem Kulte nahe die Ewigkeit

101. Kulturzeit

Welche Zeit ist das auch nicht
Welche Zeit war es nie
Welche Zeit sollte es nie mehr sein
Welche Zeit war es wirklich niemals
Welche Zeit ist es
Welche Zeit ist es auch nur
Welche Zeit ist es immer
Welche Zeit sollte es immer sein
Welche Zeit war es wirklich immermehr
Welche Zeit ist es immermals

102. Das Wesen der Kultur

Essenz Kultur
Kulturessenz
Liebeskultur
Kulturliebe
Inspiration Kultur
Kulturinspiration
Philosophische Kultur
Kulturphilosophie
Wesenheit Kultur
Kulturwesen
Muse Kultur
Kulturmuse
Ausdruck Kultur
Kulturausdruck
Schöpfung Kultur
Kulturschöpfung
Schaffung Kultur
Kulturschaffung
Ästhetik Kultur
Kulturästhetik

103. Kulturformen

Vielfältigkeit
Das Gut der Menschlichkeit
Menschlichkeit in jeglicher Form und Weise
Kulturformen
Artenvielfalt in der Menschen Friedfertigkeit
Friedfertigkeit in aller Art und Weise
Ethik als Inspiration von Form und Art
Kulturformen
Achtung als Erzeugnis des Menschseins
Menschsein in allen Formen
Kulturformen
Passion in allseiender Kultur
Kultur von Art und Form
Kulturformen

104. Die Essenz der Kultur

Schöpfung aus ureigenster Kraft
Für die Welten der Erde
Als die Nährung der allseienden Kreation
Kreation aus der Inspiration der Lebensquelle alles Seins
Als Werk der ureigensten Geister unseres Universums
Passion aus dem Opus der Weltenseele selbst
Als Muse der Ethik zur Form der Existenz
Schaffung aus innerer Kreativität zum Weltensein
Als Zeugnis dessen, was Kultur zur Kultur macht
Essenz über allem, was auf der Welt im Hier und Jetzt
Als die Liebe, die Hoffnung und dem Frieden
Kultur sei seiend
Als das was den Menschen zum Menschen macht
Die Essenz der Kultur

105. Von Kult und Edelkeit

Die Zeit der Zeit
Der Kult der Ewigkeit

Was die Edelkeit zu den Kulten macht
Was den Kult zur Ewigkeit gebracht

Der Kult der Ewigkeit
Der Kult der Zeit

Was die Zeit zur Ewigkeit gemacht
Was die Ewigkeit der Zeit gedacht

Der Kult der Edelkeit
Die Edelkeit der Zeit

Was die Zeit zur Edelkeit
Was dass die Edelkeit zur Zeit

Von Kult und Edelkeit